„Ich entspanne gerne beim Kochen, aber manchmal soll gutes Essen einfach schnell zubereitet sein."

WW Mitglied Christian verrät dir seine Lieblingsrezepte aus diesem Kochbuch. Mehr zu Christian erfährst du auch auf Seite 7.

Schnelle Ramen mit Schweinefilet, S. 42

Cremige Tagliatelle mit Tomaten, S. 69

Himbeer-Schoko-Oats, S. 97

Gebratener Saibling auf Selleriepüree, S. 55

Inhalt

4   **meinWW®+**
Hier erhältst du Infos zum WW Programm, zu den 3 Plänen, SmartPoints® und ZeroPoint® Foods.

6   **Erfolgsgeschichte**
Christian erzählt von seiner Abnahmereise mit WW. Außerdem hat er viele Rezepte aus diesem Kochbuch getestet und gibt dir tolle Tipps und Anregungen.

8   **Tipps für den Vorrat**
Diese Zutaten sollten in deinem Vorratsschrank nicht fehlen.

10   **Gewürzmischungen & Rubs**
Rezeptideen, die deinen Gerichten richtig Geschmack verleihen.

12   **Leckeres mit Fleisch**
Schnell gekocht, mit Hähnchen, Schweinefilet, Steak & Co.

46   **Frisches mit Fisch**
Einfache Gerichte mit Fisch & Meeresfrüchten.

64   **Knackiges mit Veggies**
Vielfältige, vegetarische Rezeptideen mit Gemüse.

88   **Süßes zum Naschen**
Als Dessert oder Snack zwischendurch.

108   **Register**
Alle Rezepte übersichtlich alphabetisch sortiert inklusive SmartPoints Werten sowie Register nach Zutaten und Stichworten.

112   **Impressum**

Rezeptinfos

 vegetarisch    vegan

 glutenfrei   laktosefrei   nussfrei

SmartPoints Wert pro Person / Stück

Die Kennzeichnung wie zum Beispiel „gluten-", „laktose-" oder „nussfrei" bei den Rezepten ist rein informativ und nicht verbindlich. Es liegt in der persönlichen Verantwortung, zu prüfen, ob die verwendeten Lebensmittel die Anforderungen erfüllen.

QR-Code scannen und Kochvideos entdecken. Oder besuche uns auf ww-gesundekueche.de

Dürfen wir vorstellen: *meinWW+*! Mit diesem einzigartigen Programm findest du den richtigen Weg für dich. Wenn es ums Abnehmen geht, hat jeder seine eigenen Vorstellungen und Bedürfnisse. Was für den einen gut funktioniert, ist für jemand anderen vielleicht weniger geeignet. Deshalb bieten wir dir mehr als eine Möglichkeit, mit WW abzunehmen, um dich wohlzufühlen.

In der Theorie ist Abnehmen ganz einfach. Man muss nur weniger essen und sich mehr bewegen, oder? In der Praxis sieht es oft etwas anders aus. Um abzunehmen, solltest du verschiedene Aspekte deines Lebens betrachten, zum Beispiel wie gut du schläfst, wie häufig du dich bewegst und welches Bild du von dir selbst hast. Denn all das beeinflusst deine Entscheidungen – auch beim Essen. Unser *meinWW+* Programm berücksichtigt deinen Lebensstil und deine Ziele und bietet dir die Möglichkeit, es so zu leben, wie es zu dir und deinem Alltag passt. Basis dafür ist unser preisgekröntes Abnahmesystem. Du wirst sehen, mit einem Plan wird alles leichter – auch das Abnehmen.

Ein Programm, drei Wege, es zu leben. Mit *meinWW+* erhältst du einen Ernährungsplan, der zu dir und deinem Leben passt, bei dem du alle Lebensmittel essen kannst, die du am liebsten magst. Außerdem bekommst du eine Liste mit über 100+, 200+ oder 300+ ZeroPoint® Lebensmitteln, die du weder abwiegen noch messen oder aufschreiben musst.

Grüner Plan
Mehr tägliche SmartPoints® | Weniger ZeroPoint® Lebensmittel

Blauer Plan
Mittlere Anzahl an täglichen SmartPoints® | Mittlere Anzahl an ZeroPoint Lebensmitteln

Lila Plan
Weniger tägliche SmartPoints® | Mehr ZeroPoint® Lebensmittel

SmartPoints®

Die Basis bildet unser SmartPoints® System, das komplexe Ernährungsinformationen zu einer einfachen Zahl zusammenfasst: dem SmartPoints® Wert. Dein SmartPoints® Budget wird individuell für dich berechnet. Es besteht aus täglichen und wöchentlichen SmartPoints® und basiert auf Alter, Gewicht, Größe und Geschlecht. Wenn du dich an dein SmartPoints® Budget hältst, nimmst du ab, und zwar bis zu 1 Kilo pro Woche.

ZeroPoint® Foods

ZeroPoint® Lebensmittel haben 0 SmartPoints®. Warum? Weil diese Lebensmittel die Grundlage für eine gesunde Ernährung bilden und wir dich darin bestärken möchten, hier öfter zuzugreifen. 0 Punkte Lebensmittel musst du weder wiegen noch abmessen, zählen oder aufschreiben – und du nimmst dabei trotzdem ab.

Seit Einführung der ZeroPoint® Lebensmittel sind unsere Mitglieder sogar noch erfolgreicher*. Lass dich überraschen, wie vielfältig und abwechslungsreich Kochen mit den 0 Punkte Lebensmitteln sein kann. Genieß es und gönne dir mehr Flexibilität und Freiheit im Alltag!

WW Healthy Kitchen®

Die WW Kochbücher sind für alle geeignet – egal, ob du WW Mitglied bist oder dich einfach ausgewogen ernähren und einen gesunden Lifestyle etablieren möchtest. Genau hierbei helfen dir unsere leckeren Rezepte, die ganz leicht nachzukochen sind. Zusätzlich ist jedes Rezept sowohl mit einem SmartPoints® Wert als auch der Kalorienangabe versehen, um dich auf dem Weg zur Gewichtsabnahme optimal zu unterstützen.

Mehr Informationen rund um das Programm findest du auf ww.com.

*Pre-Post-Studie an der Universität North Carolina finanziert von WW. Gewichtsdaten von Testteilnehmern nach 6 Monaten WW Freestyle.

Einfach dran bleiben

Christian
-9 kg
WW Mitglied

Als ich die Fotos meiner Hochzeit sah, fand ich mich darauf einfach zu dick. Kurzum meldete ich mich online an, um mit WW Digital und der App abzunehmen.

Ich war zuweilen unzufrieden in meinem Job. Aber nachdem ich zu meinem früheren Arbeitgeber zurückgekehrt bin und dort auch das Zwischenmenschliche wieder passte, fühlte ich mich stark, Dinge neu anzugehen. Gleich in den ersten drei Monaten im „neuen alten" Job, verlor ich neun Kilo. Das war super und motivierte mich einmal mehr, weiterzumachen.

❯ Gute Vorbereitung und Qualität

Meine Frau und ich haben schon immer gern gemeinsame Zeit in der Küche verbracht. Ich bin ein totaler „Entspannungskocher". Samstags plane ich häufig schon die Gerichte für die gesamte Woche. Danach geht es gleich in den Supermarkt und zum Metzger meines Vertrauens. Beim Einkauf ist mir Qualität wichtig. Ich esse lieber weniger Fleisch, aber dafür hochwertiges. Sonntags bereite ich alles, was geht, schon für die Woche vor und bediene mich dabei auch gerne in unserem großen Garten, in dem wir ein Gemüsebeet mit beispielsweise Kräutern, Tomaten und Salat angelegt haben.

❯ Nicht ohne meine WW Kochbücher

Durch die Vorbereitung habe ich auch immer etwas Selbstgemachtes vorrätig, was ich mit zur Arbeit nehmen kann. Inspiration hole ich mir dabei sehr gerne in den WW Kochbüchern. Die Rezepte daraus funktionieren spitze für mich. Es war echt toll, dass ich bei diesem Buch sogar selbst mitwirken und Rezepte testen konnte!

❯ Bewegung @home

Sport ist für mich ein wichtiges Add-on auf dem Weg zu meinem Wohlfühlgewicht geworden. In unserem Haus habe ich mir daher ein Home Gym eingerichtet. Jeden Morgen absolviere ich dort mein Cardio-Training, indem ich eine halbe Stunde Fahrrad fahre. Abends mache ich zusätzlich noch Krafttraining – die ideale Ergänzung zur gesunden Ernährung für mich.

❯ Aus der App, was zu mir passt

Ich bin von Natur aus positiv und kann mich gut selbst motivieren. Dennoch finde ich die Tools toll, die WW auch rund um das Thema Mindset in der App anbietet: die Audio-Coachings und Headspace Meditationen zum Beispiel, die beim Herunterkommen helfen. Ohnehin finde ich, dass WW in der App tolle neue Features anbietet.

Mein Tipp: Nicht zu schnell zu viel wollen. Irgendwann macht es Klick und dann laufen die Dinge quasi von allein. Die ersten Wochen sieht man vielleicht auch gar nichts davon, aber das ist egal. Einfach dran bleiben.

Meine absoluten Lieblingsrezepte sind:

❯ **Caesar-Pasta-Salat** (S. 18)
❯ **Cremiges Erdnuss-Hähnchen mit Reis** (S. 21)
❯ **Panierte Zitronen-Putensteaks mit Kartoffelstampf** (S. 25)

QR-Code scannen und weitere motivierende Erfolgsgeschichten der WW Mitglieder entdecken.

---

*Mit WW kannst du bis zu 1 kg pro Woche abnehmen. Abnahmeresultate können von Person zu Person variieren und können nicht garantiert werden. Christian hat mit meinWW® abgenommen und hält sein Gewicht mit meinWW®+.

GUT ABGESCHMECKT!

Diese Basiszutaten sollten in den Vorratsschrank

Kochen mit wenigen Zutaten spart nicht nur Zeit an stressigen Arbeitstagen, sondern sorgt für wenig Abwasch, kurze Einkaufslisten und fixes Aufräumen nach dem Kochen. Damit du aus nur 5 Hauptzutaten schnell und einfach leckere und abwechslungsreiche Gerichte zaubern kannst, sollte es an einigen Basiszutaten nicht fehlen. Einen Großteil der hier aufgeführten Lebensmittel wie Salz, Pfeffer, Paprikapulver oder Zucker hast du sicher schon im Schrank. Für weitere Gewürze lohnt sich die Anschaffung für den Vorrat, denn sie sorgen für die richtige Abwechslung oder unterstreichen optimal den Eigengeschmack der 5 Hauptzutaten.

Zu den Basiszutaten gehören:

❯ Gewürze
Salz, Pfeffer, Paprikapulver, Curry, Chilipulver und -flocken, Kreuzkümmel, Muskatnuss, Ras el-Hanout, 5-Gewürze-Pulver und Zimt. Auf den Seiten 10 und 11 findest du zudem unsere eigenen Kreationen für Gewürzmischungen und Rubs. Sie sind schnell und einfach gemixt und halten sich gut im Vorrat.

❯ Getrocknete Kräuter & TK-Kräuter
Von Thymian und Rosmarin über Dill und Oregano bis hin zu Kräutermischungen: In unseren Rezepten zeigen wir dir, welche Kräuter die Gerichte gut abrunden. Gerade nicht das Kraut aus dem Rezept griffbereit? Kein Problem! Versuche dich doch mal an neuen Kombinationen. Es lohnt sich auch immer frische Kräuter in der Küche oder auf dem Balkon zu haben – optisch und geschmacklich ein Highlight.

❯ Mehl, Speisestärke & Backpulver
Im Buch verwenden wir Weizenmehl zum Backen oder auch fürs Andicken von Saucen. Alternativ kommt zum Abbinden auch Speisestärke zum Einsatz. Backpulver benötigst du grundsätzlich für allerlei Arten von Teigen, zum Beispiel für Kuchen oder Brot.

❯ Sojasauce
Als Würzmittel nicht nur für asiatische Gerichte ideal geeignet.

❯ Gemüsebrühe
Ob Instantpulver oder Fond – du kannst beides für die Rezepte verwenden.

Keine Lust auf Fertigprodukte?
Eine einfache Gemüsebrühenpaste kannst du auch selbst herstellen. Für 1 Glas à 750 ml **100 g Champignons** halbieren. **2 Tomaten** in Stücke schneiden. **2 Zwiebeln, 150 g Knollensellerie** und **200 g Karotten** in Stücke schneiden. Gemüse mit **1/2 Bund Petersilie, 1 Knoblauchzehe** und **120 g grobem Meersalz** in einem Mixer zu einem Brei verarbeiten. Paste in ein sterilisiertes Konservenglas abfüllen und im Kühlschrank bis zu 6 Wochen lagern. Für 500 ml Wasser genügt 1 TL von der Paste.

❯ Süßungsmittel
Im Buch kommen Puderzucker, Zucker und Honig zum Einsatz – alternativ kannst du natürlich auch mit braunem Zucker, Ahornsirup oder Agavendicksaft süßen.

❯ Öl & Essig
Wir nutzen Oliven- und Rapsöl, vereinzelt auch Erdnuss- oder Sesamöl, die jeweils einen intensiveren Eigengeschmack mitbringen. Zu den Essigen gehören heller und dunkler Balsamicoessig sowie Weißwein- oder Rotweinessig, die du nach Belieben austauschen kannst.

0-PUNKTE-WÜRZE selbstgemacht

Hier findest du unsere Ideen für einfache Gewürzmischungen und Rubs, die deinen Gerichten im Handumdrehen ordentlich Geschmack geben. Einmal zusammengemischt, halten sie sich monatelang in verschlossenen Behältern. Die Gewürzmischungen kommen bei verschiedenen Rezepten im Buch zum Einsatz.

Feuriger Chili-Rub

2 TL Chiliflocken mit **1 TL Cayennepfeffer**, **2 TL Paprikapulver**, **1 TL Kreuzkümmel**, **2 TL getrocknetem Oregano**, **1/2 TL Zimt**, **1 EL Meersalz** und **2 TL Pfeffer** vermischen.

Rauchiger BBQ-Rub

2 TL Paprikapulver mit **1 1/2 TL geräuchertem Paprikapulver**, **1 TL Cayennepfeffer**, **2 TL getrocknetem Thymian**, **1 TL Knoblauchpulver**, **1/4 TL braunem Zucker**, **1 EL Meersalz** und **1 TL grobem Pfeffer** verrühren.

Alle Rezepte haben 0 SmartPoints, sind Vegan, Glutenfrei, Laktosefrei und Nussfrei.

Würziges Kräutersalz

2 EL Meersalz mit **1 TL Knoblauchpulver**, **2 TL getrocknetem Rosmarin**, **1 TL getrocknetem Basilikum**, **2 TL getrocknetem Oregano**, **1 TL getrocknetem Majoran** und **2 TL getrocknetem Thymian** verrühren.

Zitroniges Allround-Gewürz

2 TL unbehandelte Zitronenschale abreiben und ca. 2 Stunden trocknen lassen. **1 EL Meersalz**, **2 TL grober Pfeffer**, **2 EL getrocknete Schnittlauchringe**, **1 TL Kreuzkümmel**, **1/2 TL gemahlener Koriander**, **1/2 TL geräuchertes Paprikapulver**, **1/2 TL Cayennepfeffer** und **1/2 TL geriebene Muskatnuss** mit Zitronenschale verrühren.

Gewürzmischungen & Rubs

Aus diesen 5 leckeren Zutaten werden schnelle Ramen. Das Rezept findest du auf S. 42.

Leckeres mit Fleisch

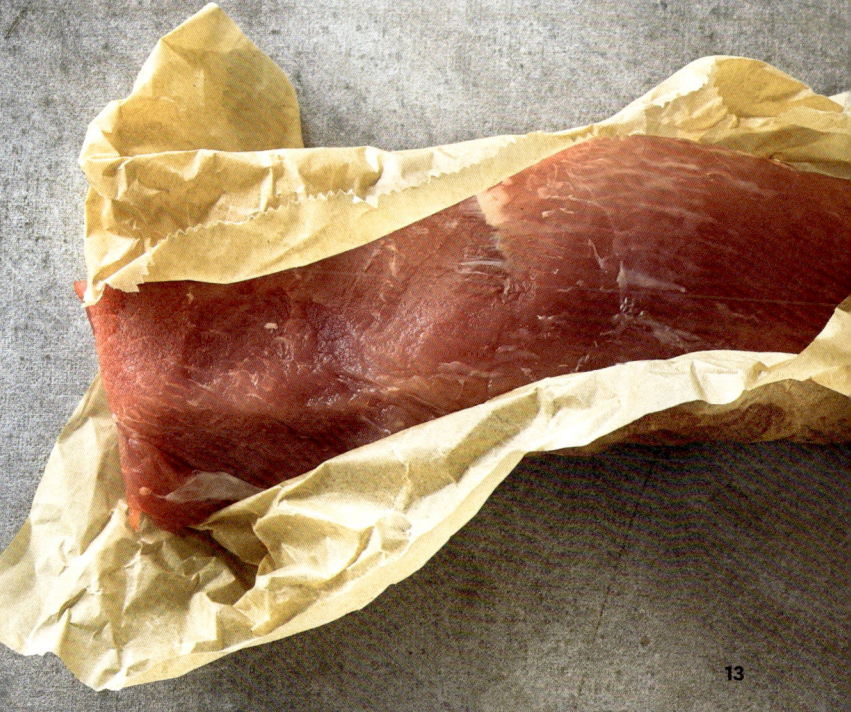

Parmesan-Schnitzel-Burger mit Grillzucchini

Für 2 Personen   Zubereitungszeit 15 Min.   Garzeit 20 Min.

419 kcal | 1755 kJ

25 g	**geriebener Parmesan**
2	**Schweineschnitzel (à 120 g)**
1	**große Zucchini**
2	**Ciabattabrötchen**
2 EL	**Salatcreme, bis 10 % Fett**

Aus dem Vorrat

1 TL	**getrockneter Thymian**
	Salz, Pfeffer

1 Backofen auf 180° C (Gas: Stufe 2, Umluft: 160° C) vorheizen. Parmesan mit Thymian, Salz und Pfeffer mischen. Schnitzel trocken tupfen würzen und in Parmesanmischung wenden. Schnitzel auf ein mit Backpapier ausgelegtes Backblech legen und mit restlicher Parmesanmischung bestreuen, dabei leicht festdrücken. Schnitzel im Backofen auf mittlerer Schiene ca. 20 Minuten backen, dabei die letzten 5 Minuten auf höchster Stufe grillen.

2 Zucchini waschen und längs in dünne Scheiben schneiden. Eine Grillpfanne auf mittlerer bis hoher Stufe erhitzen und Zucchini darin 4–5 Minuten von jeder Seite grillen. Brötchen aufschneiden, Schnittflächen ca. 30 Sekunden in der Grillpfanne rösten und mit Salatcreme bestreichen. Untere Brötchenhälften mit Zucchini und Schnitzel belegen und mit oberen Hälften abdecken. Parmesan-Schnitzel-Burger servieren.

 +  +  +  +

Schneller Dönerteller

Für 4 Personen **Zubereitungszeit 20 Min.** **Garzeit 25 Min.** **Marinierzeit 60 Min.**

387 kcal | 1618 kJ

400 g	**Kalbsschnitzel**
800 g	**festkochende Kartoffeln**
1	**Gemüsezwiebel**
1	**Eisbergsalat**
4 EL	**Zaziki (Fertigprodukt)**

Aus dem Vorrat

2 EL	**Olivenöl**
2 TL	**würziges Kräutersalz (Rezept, S. 11)**
	Salz, Pfeffer
1 TL	**Paprikapulver**
2 EL	**Weißweinessig**

1 Kalbsschnitzel trocken tupfen, in dünne Streifen schneiden, mit 1 EL Öl und Kräutersalz in einen Gefrierbeutel geben, gut verkneten und im Kühlschrank ca. 60 Minuten marinieren.

2 Backofen auf 200° C (Gas: Stufe 3, Umluft: 180° C) vorheizen. Kartoffeln schälen, in Stifte schneiden, trocken tupfen, auf einem mit Backpapier ausgelegten Backblech verteilen, mit Salz und 1/2 TL Paprikapulver würzen und im Backofen auf mittlerer Schiene ca. 25 Minuten garen, dabei gelegentlich durchrühren.

3 Zwiebel schälen und in Streifen schneiden. Salat waschen, trocken schleudern und in Streifen schneiden. Restliches Öl mit Essig, Salz und Pfeffer verrühren und mit Salat vermischen.

4 Eine Pfanne auf mittlerer Stufe erhitzen und Kalbsschnitzel darin 2–3 Minuten rundherum braten. Zwiebeln dazugeben, 3–5 Minuten mitbraten und mit Pfeffer und restlichem Paprikapulver würzen. Kalbsschnitzel mit Kartoffeln, Salat und Zaziki anrichten und Dönerteller servieren.

Küchentipp

Damit du das Kalbsschnitzel richtig dünn aufschneiden kannst, friere es am besten vorher ca. 60 Minuten ein.

 +  +  +  +

Caesar-Pasta-Salat

Für 2 Personen   Zubereitungszeit 15 Min.   Garzeit 10 Min.   Kühlzeit 5 Min.

429 kcal | 1794 kJ

110 g	**trockene Vollkorn-Penne**
250 g	**Hähnchenbrustfilet**
1	**großes Römersalatherz**
200 g	**Cocktailtomaten**
2 Tüten	**WW Caesar Dressing**

Aus dem Vorrat
	Salz, Pfeffer
1 TL	**Olivenöl**

1 Nudeln nach Packungsanweisung in Salzwasser garen und abgießen. Hähnchenbrustfilet trocken tupfen und in Streifen schneiden. Öl in einer Pfanne auf hoher Stufe erhitzen, Hähnchen darin 5–7 Minuten braten und mit Salz und Pfeffer würzen. Hähnchenbrustfilet und Nudeln ca. 5 Minuten abkühlen lassen.

2 Salat waschen, trocken schleudern und in mundgerechte Stücke zerteilen. Tomaten waschen und halbieren. Salat, Tomaten, Hähnchen und Nudeln mit WW Caesar Dressing mischen und mit Salz und Pfeffer abschmecken. Caesar-Pasta-Salat servieren.

Christians Tipp:
Ich bereite mir den Salat gern für die Arbeit zu und transportiere das Dressing separat, damit der Salat nicht matschig wird.

Praktisch für unterwegs
Das WW Caesar Dressing mit Parmesan und Anchovis eignet sich ideal für Salate To Go und hat nur 1 Punkt pro Portion. Erhältlich auf wwshop.de.

 +  +  +  +

Christians Lieblingsrezept

Leckeres mit Fleisch 19

Christians Lieblingsrezept

Cremiges Erdnuss-Hähnchen mit Reis

Für 4 Personen   Zubereitungszeit 15 Min.   Garzeit 15 Min.

438 kcal | 1833 kJ

200 g	**trockener Basmatireis**
2	**unbehandelte Limetten**
4	**Frühlingszwiebeln**
600 g	**Hähnchenbrustfilet**
2 EL	**Erdnusscreme**

Aus dem Vorrat
	Salz, Pfeffer
1 TL	**Curry**
1 TL	**Chiliflocken**
2 EL	**Honig**
1 EL	**Sojasauce**
2 EL	**Wasser**
1 TL	**Sesamöl**

1 Reis nach Packungsanweisung in Salzwasser garen. Schale einer Limette abreiben und Limette auspressen. Restliche Limette in Spalten schneiden. Frühlingszwiebeln waschen und in Ringe schneiden. Hähnchenbrustfilet trocken tupfen, in Streifen schneiden und mit Curry und Chiliflocken bestreuen.

2 Für die Sauce Erdnusscreme mit Honig, Sojasauce und Wasser verrühren. Öl in einer Pfanne auf mittlerer Stufe erhitzen und Hähnchenbruststreifen darin 8–10 Minuten rundherum braten. Mit Erdnusssauce ablöschen, verrühren und ca. 2 Minuten köcheln lassen.

3 Limettenschale, -saft und Hälfte der Frühlingszwiebelringe zu den Hähnchenbruststreifen geben, verrühren und mit Salz und Pfeffer würzen. Erdnuss-Hähnchen mit Reis, restlichen Frühlingszwiebelringen, Limettenspalten und nach Wunsch mit Koriander garniert servieren.

Christians Tipp:
Das ist mein absolutes Lieblingsgericht von WW. Das kochen wir sehr oft und variieren dabei immer gern das Gemüse, das wir dazu essen, mal Karotten, mal Zuckererbsenschoten.

 +  +  +  +

Scharfer Gulasch-Bohnen-Eintopf

Für 4 Personen   Zubereitungszeit 15 Min.   Garzeit 85 Min.

411 kcal | 1718 kJ

500 g	**Karotten**
500 g	**Rindergulasch**
1 EL	**Tomatenmark**
2 Dosen	**weiße Bohnen** (à 255 g Abtropfgewicht)
800 g	**stückige Tomaten** (Konserve)

Aus dem Vorrat

1 EL	**Rapsöl**
2 TL	**feuriger Chili-Rub** (Rezept, S. 10)
500 ml	**Gemüsebrühe** (2 TL Instantpulver)
	Salz, Pfeffer
1/2 TL	**Kreuzkümmel**

1 Karotten schälen und in dicke Scheiben schneiden. Gulasch trocken tupfen. Öl in einem großen Topf auf hoher Stufe erhitzen und Gulasch darin 5–7 Minuten rundherum anbraten. Chili-Rub, Karotten und Tomatenmark zugeben und ca. 5 Minuten mitbraten.

2 Gulasch mit Brühe ablöschen und auf niedriger Stufe mit Deckel ca. 60 Minuten schmoren. Bohnen abspülen, abtropfen lassen, mit Tomaten zum Gulasch geben und weitere ca. 15 Minuten köcheln lassen. Gulasch-Bohnen-Eintopf mit Salz, Pfeffer und Kreuzkümmel würzen und servieren.

Für Eilige

Wenn's etwas schneller gehen soll, verwende Rindersteak statt Gulasch und schmore es nur 20 Minuten. Der SmartPoints Wert bleibt gleich.

 +  + 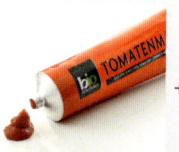 +  +

Christians Lieblingsrezept

Panierte Zitronen-Putensteaks mit Kartoffelstampf

Für 4 Personen   Zubereitungszeit 20 Min.   Garzeit 30 Min.   Marinierzeit 2 Std.

356 kcal | 1488 kJ

2	**unbehandelte Zitronen**
4	**Putensteaks (à 150 g)**
600 g	**Drillinge (kleine Kartoffeln)**
2 EL	**gehackte Petersilie**
50 g	**Paniermehl**

Aus dem Vorrat

1 TL	**gemischte getrocknete Kräuter**
	Salz, Pfeffer
1 EL	**Olivenöl**

1 Schale von einer Zitrone abreiben und Zitrone auspressen. Restliche Zitrone in Spalten schneiden. Für die Marinade Zitronenschale und -saft mit Kräutern, Salz und Pfeffer vermischen. Putensteaks trocken tupfen, mit der Marinade in einen Gefrierbeutel geben, gut verkneten und im Kühlschrank ca. 2 Stunden marinieren.

2 Drillinge waschen, mit Schale in Salzwasser ca. 20 Minuten garen, abgießen und kurz abkühlen lassen. Kartoffeln grob zerstampfen, mit Petersilie vermischen und mit Salz und Pfeffer würzen.

3 Paniermehl in einem tiefen Teller verteilen. Putensteaks abtropfen lassen und in der Panade wenden. Öl in einer Pfanne auf hoher Stufe erhitzen und Putensteaks darin nacheinander 4–5 Minuten von jeder Seite braten. Zitronen-Putensteaks mit Kartoffelstampf und Zitronenspalten servieren.

Christians Tipp:
Zum Kartoffelstampf passt prima etwas Knollensellerie, das macht das Gericht noch spannender und schmeckt sehr lecker. Einfach Selleriestücke mitgaren und grob zerstampfen.

Gut kombiniert
Serviere die Putensteaks mit etwas Pflücksalat oder Baby-Blattspinat.

 +  +  +

Einfache Carbonara

Für 4 Personen **Zubereitungszeit 15 Min.** **Garzeit 20 Min.**

372 kcal | 1554 kJ

1	**Zwiebel**
70 g	**Bacon**
240 g	**trockene Spaghetti**
40 g	**Parmesan**
3	**Eigelb (Größe M)**

Aus dem Vorrat

1 TL	**Olivenöl**
	Salz, Pfeffer

1 Zwiebel schälen und fein würfeln. Öl in einer Pfanne auf mittlerer Stufe erhitzen und Zwiebeln darin 6–8 Minuten anbraten. Bacon in 1 cm große Stücke schneiden, zu den Zwiebeln geben und ca. 5 Minuten mitbraten.

2 Nudeln nach Packungsanweisung in Salzwasser garen, abgießen und ca. 100 ml Nudelwasser auffangen. Parmesan fein reiben und mit Eigelb verquirlen.

3 Nudeln samt Nudelwasser in die Pfanne geben, verrühren und Pfanne vom Herd nehmen. Ei-Parmesan-Mischung unterrühren und mit Salz und Pfeffer würzen. Einfache Carbonara servieren.

Gut kombiniert
Rucola verleiht deiner Carbonara noch eine frische und würzige Note.

Noch Eiklar übrig?
Restliches Eiklar lässt sich problemlos einfrieren und ist bis zu einem Jahr haltbar. Oder du verwendest es für ein anderes Gericht, zum Beispiel fürs Panieren oder für Pfannkuchen.

Leckeres mit Fleisch 27

Gefülltes BBQ-Schweinefilet auf Gemüse

Für 2 Personen   Zubereitungszeit 20 Min.   Garzeit 40 Min.

326 kcal | 1364 kJ

250 g	**Tomaten**
50 g	**Schafskäse, 25 % Fett i. Tr.**
300 g	**Schweinefilet**
1	**Aubergine**
2 EL	**BBQ-Sauce (Fertigprodukt)**

Aus dem Vorrat

1 1/2 EL	**rauchiger BBQ-Rub (Rezept, S. 10)**
2 TL	**Rapsöl**
2 EL	**dunkler Balsamicoessig**
	Salz, Pfeffer

1 Backofen auf 160° C (Gas: Stufe 1, Umluft: 140° C) vorheizen. Tomaten waschen, 50 g in Scheiben schneiden und restliche Tomaten würfeln. Schafskäse grob zerbröseln. Schweinefilet trocken tupfen, waagerecht einschneiden und rundherum mit BBQ-Rub einreiben.

2 Schweinefilet mit Tomatenscheiben und Schafskäse füllen, zusammenklappen und mit Küchengarn oder Holzspießen fixieren. 1 TL Öl in einer Pfanne auf mittlerer bis hoher Stufe erhitzen, Schweinefilet darin ca. 5 Minuten rundherum braten, in eine Auflaufform (ca. 15 x 20 cm) legen und im Backofen auf mittlerer Schiene ca. 30 Minuten garen.

3 Aubergine waschen und würfeln. Restliches Öl in einer Pfanne auf mittlerer Stufe erhitzen und Auberginen darin ca. 5 Minuten anbraten. Tomaten dazugeben, mit Essig ablöschen, ca. 5 Minuten mitgaren und mit Salz und Pfeffer würzen. Schweinefilet in Scheiben schneiden, mit Bratensaft beträufeln und mit Gemüse und BBQ-Sauce als Dip servieren.

 +  +  +  +

Steak-Kartoffel-Salat mit Honig-Senf-Dressing

Für 4 Personen   Zubereitungszeit 15 Min.   Garzeit 40 Min.

289 kcal | 1211 kJ

350 g **festkochende Kartoffeln**
500 g **Rindersteak**
250 g **Cocktailtomaten**
1 EL **Senf**
200 g **Pflücksalatmischung (Kühltheke)**

Aus dem Vorrat
Salz, Pfeffer
1 TL **Olivenöl**
2 TL **Honig**
3 EL **heller Balsamicoessig**
1 EL **Rapsöl**
75 ml **Gemüsebrühe (1/4 TL Instantpulver)**
1 EL **gehackter Dill (TK)**

1 Backofen auf 200° C (Gas: Stufe 3, Umluft: 180° C) vorheizen. Kartoffeln schälen und in ca. 1 cm große Würfel schneiden. Kartoffeln auf ein mit Backpapier ausgelegtes Backblech geben, mit Salz und Pfeffer würzen und im Backofen auf mittlerer Schiene ca. 40 Minuten garen, dabei nach der Hälfte der Garzeit wenden.

2 Steak trocken tupfen und mit Salz und Pfeffer würzen. Olivenöl in einer Pfanne auf hoher Stufe erhitzen, Steak darin 2–4 Minuten von jeder Seite braten, ca. 5 Minuten in Alufolie gewickelt ruhen lassen und in Streifen schneiden.

3 Tomaten waschen und halbieren. Für das Dressing Honig mit Senf, Essig, Rapsöl, Brühe und Dill verquirlen. Salat waschen und trocken schleudern. Tomaten mit Salat mischen, mit Steak und Kartoffeln belegen und mit Dressing beträufeln. Steak-Kartoffel-Salat servieren.

Christians Tipp:

Ich nehme für das Rezept gerne Flank Steak. Das hat noch mehr Struktur und bleibt dadurch noch saftiger.

Titelrezept

Leckeres mit Fleisch 31

Currywurst auf Kartoffelstampf

Für 4 Personen   Zubereitungszeit 20 Min.   Garzeit 20 Min.

352 kcal | 1471 kJ

800 g	**mehligkochende Kartoffeln**
2	**Bratwürste (à 100 g)**
1	**Zwiebel**
2	**rote Paprika**
400 g	**stückige Tomaten (Konserve)**

Aus dem Vorrat
Salz, Pfeffer
1 TL **Rapsöl**
2 TL **Curry**
1 TL **Honig**

1 Kartoffeln schälen, vierteln und in Salzwasser ca. 20 Minuten garen. Bratwürste in Scheiben schneiden. Zwiebel schälen und in Streifen schneiden. Paprika waschen, entkernen und in kleine Stücke schneiden.

2 Öl in einer großen Pfanne auf mittlerer Stufe erhitzen und Bratwürste darin ca. 3 Minuten rundherum anbraten. Zwiebeln und Paprika dazugeben und ca. 3 Minuten mitbraten. Mit Tomaten ablöschen, mit Salz und Pfeffer würzen, ca. 5 Minuten köcheln lassen und mit 1 TL Curry und Honig verfeinern.

3 Kartoffeln abgießen, fein zerstampfen und mit Salz und Pfeffer würzen. Kartoffelstampf mit Currywurst samt Sauce anrichten, mit restlichem Curry bestäuben und servieren.

Schnell verfeinert

Wenn du den Kartoffelstampf noch cremiger haben möchtest, kannst du noch 1 EL Halbfettmargarine unterrühren. Der SmartPoints Wert erhöht sich in jedem Plan um 1.

 +  +  +  +

Hähnchen-Spinat-Pfanne mit Reis

Für 2 Personen   **Zubereitungszeit 15 Min.**   **Garzeit 30 Min.**

421 kcal | 1759 kJ

100 g	**trockener Wildreis**
1/2	**unbehandelte Zitrone**
400 g	**Baby-Blattspinat**
250 g	**Hähnchenbrustfilet**
45 g	**Crème légère**

Aus dem Vorrat

	Salz, Pfeffer
2 TL	**Olivenöl**
1 TL	**zitroniges Allround-Gewürz (Rezept, S. 11)**

1 Reis nach Packungsanweisung in Salzwasser garen. 1 TL Zitronenschale abreiben und Zitronenhälfte auspressen. Spinat waschen und trocken schleudern. Hähnchenbrustfilet trocken tupfen und in Stücke schneiden.

2 Öl in einer Pfanne auf mittlerer Stufe erhitzen, Hähnchen darin 6–8 Minuten braten und mit Allround-Gewürz würzen. Reis mit Zitronenschale und -saft verfeinern, mit Spinat zum Hähnchen geben und weitere ca. 5 Minuten mitbraten. Crème légère einrühren und mit Salz und Pfeffer würzen. Hähnchen-Spinat-Pfanne servieren.

Christians Tipp:

Das Rezept eignet sich perfekt, um es für die Arbeit vorzubereiten und mitzunehmen. Es schmeckt auch aufgewärmt super lecker und frisch zitronig.

 +  +  +  +

Tatar-Kokos-Suppe mit Sobanudeln

Für 4 Personen **Zubereitungszeit 15 Min.** **Garzeit 15 Min.**

345 kcal | 1442 kJ

je 1	**rote, gelbe und grüne Paprika**
1	**Pak Choi**
300 g	**Tatar**
200 ml	**fettreduzierte Kokosmilch**
120 g	**trockene Sobanudeln**

Aus dem Vorrat

2 TL	**Rapsöl**
	Salz, Pfeffer
1 TL	**5-Gewürze-Pulver**
600 ml	**Gemüsebrühe (2 1/2 TL Instantpulver)**

1 Paprika waschen, entkernen und in Stücke schneiden. Pak Choi waschen und in Streifen schneiden. Öl in einem großen Topf auf hoher Stufe erhitzen, Tatar darin krümelig anbraten und mit Salz, Pfeffer und 5-Gewürze-Pulver würzen. Paprika und Pak Choi dazugeben und ca. 5 Minuten mitbraten.

2 Mit Kokosmilch und Brühe ablöschen und aufkochen. Sobanudeln zur Suppe geben und ca. 7 Minuten mitgaren. Tatar-Kokos-Suppe mit Salz und Pfeffer abschmecken und servieren.

Christians Tipp:
Für eine Veggie-Variante kannst du auch Räuchertofu statt Tatar nehmen.

Für mehr Schärfe
Wer gern einen Extra-Schärfekick möchte, kann eine gehackte Chilischote mit Tatar anbraten oder Chiliringe am Ende über das Gericht streuen.

 +  +  +  +

Rote-Bete-Quiche mit Steak

Für 8 Stücke Zubereitungszeit 15 Min. Garzeit 40 Min.

216 kcal | 903 kJ

6	**Filoteigblätter (à 25 g)**
300 g	**Rindersteak**
500 g	**Rote Bete**
5	**Eier (Größe M)**
130 g	**Ziegenfrischkäse, 45 % Fett i. Tr.**

Aus dem Vorrat

1 TL	**Rapsöl**
	Salz, grober Pfeffer
2 TL	**würziges Kräutersalz (Rezept, S. 11)**
2 TL	**Honig**

1 Filoteigblätter mit etwas Wasser bestreichen. Eine Quicheform (Ø 26 cm) mit Backpapier auslegen und Filoteigblätter leicht überlappend hineinlegen, dabei einen ca. 2 cm hohen Rand überstehen lassen. Backofen auf 200° C (Gas: Stufe 3, Umluft: 180° C) vorheizen.

2 Rindersteak trocken tupfen und in Streifen schneiden. Öl in einer Pfanne auf hoher Stufe erhitzen, Steak darin ca. 5 Minuten rundherum braten und mit Salz und Pfeffer würzen. Rote Bete schälen und in Würfel schneiden. Für den Guss Eier verquirlen und mit Ziegenfrischkäse, Kräutersalz und Pfeffer verrühren.

3 Rote Bete und Steak auf den Filoteig geben, Guss darübergießen und Quiche im Backofen auf mittlerer Schiene ca. 35 Minuten backen. Rote-Bete-Quiche mit Honig beträufeln, in Stücke schneiden und servieren.

Gut kombiniert
Dazu passt ein frischer grüner Salat.

Naan-Pizza mit Curryhähnchen

Für 4 Personen   Zubereitungszeit 15 Min.   Garzeit 25 Min.   Kühlzeit 10 Min.

371 kcal | 1552 kJ

1	**rote Zwiebel**
500 g	**Hähnchenbrustfilet**
2 1/2 EL	**grüne Currypaste**
3 EL	**griechischer Joghurt, Natur, bis 0,2 % Fett**
4	**Naan-Brote**

Aus dem Vorrat

1 TL	**Kreuzkümmelsamen**
3 EL	**Rotweinessig**
1 EL	**Puderzucker**
	Salz
1 TL	**Olivenöl**

1 Zwiebel schälen und in feine Ringe schneiden. Kreuzkümmelsamen fettfrei in einer Pfanne auf mittlerer Stufe 2–3 Minuten rösten. Essig mit Puderzucker und 1 Prise Salz in einem Topf auf mittlerer Stufe köcheln lassen, bis der Zucker sich aufgelöst hat. Zwiebeln mit der Hälfte der Kreuzkümmelsamen dazugeben und ca. 30 Minuten ziehen lassen. Backofen mit Grillfunktion auf 240° C (Gas: Stufe 5, Umluft: 220° C) vorheizen.

2 Hähnchenbrustfilet trocken tupfen, in eine Auflaufform (ca. 20 x 30 cm) geben, mit 2 EL Currypaste bestreichen und mit Öl beträufeln. Hähnchen im Backofen auf mittlerer Schiene ca. 20 Minuten grillen, dabei nach der Hälfte der Garzeit wenden, ca. 10 Minuten auskühlen lassen und in Streifen schneiden.

3 Joghurt mit restlicher Currypaste vermischen. Naan-Brote rösten, mit Hähnchen und Zwiebelringen belegen, mit Joghurt beträufeln, mit restlichen Kreuzkümmelsamen bestreuen und Naan-Pizza servieren.

Frisch getoppt
Koriander verleiht dem Gericht ein leckeres, würziges Aroma.

 +  +  +  +

Schnelle Ramen mit Schweinefilet

Für 2 Personen   Zubereitungszeit 15 Min.   Garzeit 25 Min.

441 kcal | 1844 kJ

300 g	**Schweinefilet**
2 TL	**dunkle Misopaste**
400 g	**gemischte Pilze** (z. B. Champignons, Austernpilze, Shiitake)
100 g	**trockene Ramennudeln**
2	**Frühlingszwiebeln**

Aus dem Vorrat

1 TL	**Rapsöl**
1 Liter	**Gemüsebrühe** (4 1/2 TL Instantpulver)
2 EL	**Sojasauce**
1 Prise	**Chiliflocken**
	Salz, Pfeffer

1 Backofen auf 180° C (Gas: Stufe 2, Umluft: 160° C) vorheizen. Schweinefilet trocken tupfen und mit 1 TL Misopaste bestreichen. Öl in einer Pfanne auf mittlerer Stufe erhitzen, Schweinefilet darin ca. 5 Minuten rundherum braten, auf ein mit Backpapier ausgelegtes Backblech legen und im Backofen 15–20 Minuten fertig garen.

2 Pilze trocken abreiben und in Stücke schneiden. Einen Topf auf mittlerer Stufe erhitzen, Pilze darin fettfrei ca. 7 Minuten anbraten, restliche Misopaste einrühren, mit Brühe ablöschen und ca. 3 Minuten köcheln lassen. Nudeln dazugeben, ca. 5 Minuten mitgaren und mit Sojasauce und Chiliflocken abschmecken.

3 Frühlingszwiebeln waschen und in feine Ringe schneiden. Nudeln mit Pilzen auf zwei Schalen verteilen und Brühe darübergießen. Schweinefilet in dünne Scheiben schneiden, daraufgeben und mit Salz und Pfeffer würzen. Ramen mit Frühlingszwiebeln bestreut sofort servieren.

 +  +  +  +

Bratkartoffeln mit Tomaten und Ei

Für 1 Person **Zubereitungszeit 15 Min.** **Garzeit 30 Min.**

377 kcal | 1577 kJ

200 g	**festkochende Kartoffeln**
1	**Zwiebel**
200 g	**Cocktailtomaten**
50 g	**magere Schinkenwürfel**
1	**Ei (Größe M)**

Aus dem Vorrat

	Salz
1 TL	**Olivenöl**
1 TL	**zitroniges Allround-Gewürz (Rezept, S. 11)**

1 Kartoffeln waschen, in grobe Würfel schneiden und in Salzwasser ca. 20 Minuten garen. Zwiebel schälen und in Streifen schneiden. Tomaten waschen und halbieren.

2 Öl in einer Pfanne auf mittlerer Stufe erhitzen und Zwiebeln mit Schinkenwürfeln darin 2–3 Minuten anbraten. Kartoffeln dazugeben, ca. 5 Minuten mitbraten, Tomaten unterheben, mit Allround-Gewürz würzen und an den Pfannenrand schieben. Ei als Spiegelei im Bratensatz ca. 3 Minuten braten und Bratkartoffeln servieren.

 +  +  +  +

Was man aus diesen Zutaten Leckeres zaubern kann? Verraten wir dir auf S. 55.

Frisches mit Fisch

Kräuterlachs auf Zucchinipasta

Für 2 Personen   Zubereitungszeit 15 Min.   Garzeit 15 Min.

537 kcal | 2248 kJ

1	**kleine unbehandelte Zitrone**
2	**Lachsfilets (à 125 g)**
100 g	**trockene Bandnudeln**
2	**kleine Zucchini**
50 g	**saure Sahne**

Aus dem Vorrat

2 EL	**italienische Kräuter (TK)**
	Salz, Pfeffer
1 TL	**Olivenöl**
1 Msp.	**geriebene Muskatnuss**

Gemüsenudeln herstellen

1 Backofen auf 180° C (Gas: Stufe 2, Umluft: 160° C) vorheizen. 1 Msp. Zitronenschale abreiben und Zitrone auspressen. Zitronenschale und 1 EL Saft mit Kräutern, Salz und Pfeffer verrühren. Lachsfilets trocken tupfen, rundherum mit Zitronen-Kräuter-Marinade einreiben und in eine Auflaufform (ca. 15 x 20 cm) legen. Lachs im Backofen auf mittlerer Schiene ca. 15 Minuten garen.

2 Nudeln nach Packungsanweisung in Salzwasser garen und abgießen. Zucchini waschen und mit einem Spiralschäler in dünne Spiralen schneiden. Öl in einer Pfanne auf mittlerer Stufe erhitzen, Nudeln darin ca. 3 Minuten anbraten, Zucchini untermischen und ca. 1 Minute mitbraten.

3 Pasta mit Salz, Pfeffer und Muskatnuss würzen und mit restlichem Zitronensaft ablöschen. Saure Sahne unterrühren und Zucchinipasta auf Tellern verteilen. Kräuterlachs daraufgeben und servieren.

Christians Tipp:
Statt der Zucchini lassen sich auch Karotten toll spiralisieren.

 +  +  +  +

Frisches mit Fisch 49

Garnelentacos mit Gurkensalsa

Für 2 Personen   **Zubereitungszeit 15 Min.**   **Garzeit 5 Min.**   **Marinierzeit 15 Min.**

252 kcal | 1052 kJ

200 g	**küchenfertige Garnelen (TK)**
1	**unbehandelte Limette**
1/2	**Salatgurke**
1	**kleine rote Zwiebel**
4	**Taco-Schalen**

Aus dem Vorrat

1 TL	**feuriger Chili-Rub (Rezept, S. 10)**
2 EL	**Weißweinessig**
	Salz, Pfeffer
1 TL	**Rapsöl**

1 Garnelen auftauen lassen, abspülen und trocken tupfen. Limettenschale abreiben, 1/2 Limette auspressen und restliche Limette in Spalten schneiden. Garnelen, Limettensaft, 1 Msp. Limettenschale und Chili-Rub in einen Gefrierbeutel geben, gut verkneten und im Kühlschrank ca. 15 Minuten marinieren.

2 Für die Salsa Gurke waschen, Zwiebel schälen und beides fein würfeln. Gemüse mit Essig vermischen und mit Salz und Pfeffer würzen. Öl in einer Pfanne auf mittlerer Stufe erhitzen und Garnelen darin 4–5 Minuten rundherum braten.

3 Taco-Schalen mit etwas Gurkensalsa und Garnelen füllen, mit restlicher Limettenschale garnieren und mit Limettenspalten und restlicher Salsa dazu servieren.

Christians Tipp:

Eine tolle Idee für dein nächstes Meal Prep: Bereite einfach ein paar Garnelen extra und mehr von der Salsa zu. Dann kannst du am nächsten Tag damit Wraps füllen oder deinen Salat toppen.

 +  +  +  +

Gebackener Piri-Piri-Kabeljau

Für 4 Personen **Zubereitungszeit 20 Min.** **Garzeit 40 Min.**

381 kcal | 1593 kJ

600 g	**Süßkartoffeln**
3	**rote Paprika**
3	**rote Zwiebeln**
4	**Kabeljaufilets** (à 140 g)
3 EL	**scharfe Piri-Piri-Sauce**

Aus dem Vorrat

1 TL	**Kreuzkümmel**
1 TL	**Paprikapulver**
1 TL	**getrockneter Thymian**
1 EL	**Olivenöl**
	Salz, Pfeffer

1 Backofen auf 200° C (Gas: Stufe 3, Umluft: 180° C) vorheizen. Süßkartoffeln waschen. Paprika waschen und entkernen. Zwiebeln schälen und mit Süßkartoffeln und Paprika in Spalten schneiden. Gemüse auf ein mit Backpapier ausgelegtes Backblech geben, mit Kreuzkümmel, Paprikapulver, Thymian, Öl, Salz und Pfeffer vermischen und im Backofen auf mittlerer Schiene ca. 40 Minuten backen.

2 Kabeljaufilets abspülen, trocken tupfen, mit Piri-Piri-Sauce beträufeln, 10–12 Minuten vor Ende der Garzeit auf das Gemüse geben und mitbacken. Gebackenen Piri-Piri-Kabeljau nach Wunsch mit Petersilie garniert servieren.

 +  +  +  +

Frisches mit Fisch 53

Gebratener Saibling auf Selleriepüree

Für 2 Personen   Zubereitungszeit 20 Min.   Garzeit 20 Min.

414 kcal | 1733 kJ

200 g	**mehligkochende Kartoffeln**
400 g	**Knollensellerie**
2	**Saiblingsfilets mit Haut (à 200 g)**
1	**Zitrone**
2 EL	**gehackte Petersilie**

Aus dem Vorrat

	Salz, Pfeffer
1 EL	**Mehl**
1 EL	**Rapsöl**

1 Kartoffeln und Sellerie schälen, in grobe Stücke schneiden und in Salzwasser ca. 20 Minuten garen. Saiblingsfilets trocken tupfen, mit Salz und Pfeffer würzen und mit Mehl bestäuben.

2 Öl in einer Pfanne auf mittlerer Stufe erhitzen, Saibling darin 3–5 Minuten auf der Hautseite braten, wenden, Pfanne vom Herd nehmen und ca. 5 Minuten garziehen lassen.

3 1/2 Zitrone auspressen und restliche Zitronenhälfte in Spalten schneiden. Kartoffeln und Sellerie abgießen, zerstampfen, mit Zitronensaft und 1 EL Petersilie mischen und mit Salz und Pfeffer würzen. Saibling mit der Hautseite nach oben auf dem Selleriepüree anrichten, mit restlicher Petersilie bestreuen und mit Zitronenspalten servieren.

Christians Tipp:

Wer noch ein paar SmartPoints übrig hat, kann zu dem Gericht die WW Crème fraîche Sauce servieren. Passt geschmacklich super.

 +  +  +  +

Grilled Cheese Deluxe mit Thunfisch

Für 2 Personen **Zubereitungszeit 10 Min.** **Garzeit 10 Min.**

335 kcal | 1402 kJ

1	**kleine rote Paprika**
1 Dose	**Thunfisch im eigenen Saft (150 g Abtropfgewicht)**
2 EL	**Frischkäse, bis 5 % Fett absolut**
4 Scheiben	**Vollkorntoast (klein)**
40 g	**geriebener Cheddar, 50 % Fett i. Tr.**

Aus dem Vorrat

	Salz, Pfeffer
1/2 TL	**Paprikapulver**

1 Paprika waschen, entkernen und in Streifen schneiden. Eine Grillpfanne auf hoher Stufe erhitzen und Paprika darin 4–5 Minuten rundherum grillen. Thunfisch abtropfen lassen und mit Frischkäse, Salz, Pfeffer und Paprikapulver verrühren.

2 2 Toastscheiben mit 20 g Cheddar bestreuen, Thunfischcreme daraufstreichen, mit Paprika belegen, mit restlichem Cheddar bestreuen und mit restlichen Toastscheiben abdecken.

3 Toast in der Grillpfanne auf mittlerer Stufe ca. 2 Minuten von jeder Seite grillen, dabei etwas flach drücken und diagonal halbieren. Grilled Cheese Deluxe servieren.

 +  +  +  +

Matjes und Rote Bete auf Brot

Für 1 Person **Zubereitungszeit 10 Min.** **Marinierzeit 20 Min.**

352 kcal | 1471 kJ

1	**kleine Zwiebel**
120 g	**vorgegarte Rote Bete (vakuumverpackt)**
1	**Matjesfilet (in Salzlake, 80 g)**
1 Scheibe	**Sauerteigbrot (50 g)**
2 EL	**Frischkäse, bis 5 % Fett absolut**

Aus dem Vorrat

1 Msp.	**getrockneter Rosmarin**
1 EL	**Weißweinessig**
	Salz, Pfeffer

1 Zwiebel schälen, die Hälfte in Ringe schneiden und restliche Zwiebel fein würfeln. Rote Bete abtropfen lassen und fein würfeln. Rote Bete und Zwiebelwürfel mit Rosmarin und Essig mischen, mit Salz und Pfeffer würzen und ca. 20 Minuten abgedeckt im Kühlschrank marinieren.

2 Matjesfilet trocken tupfen. Brot nach Wunsch rösten, mit Frischkäse bestreichen, mit Roter Bete belegen und Matjes darauflegen. Matjes mit Zwiebelringen bestreuen, mit grobem Pfeffer würzen und mit restlicher Roter Bete servieren.

 +  +  +  +

Bulgursalat mit Thunfisch und grünen Bohnen

Für 4 Personen   Zubereitungszeit 10 Min.   Garzeit 10 Min.

298 kcal | 1246 kJ

150 g	**trockener Bulgur**
500 g	**grüne Bohnen**
2 Dosen	**Thunfisch im eigenen Saft (à 150 g Abtropfgewicht)**
1	**unbehandelte Limette**
2 EL	**Tahin (Sesampaste)**

Aus dem Vorrat

	Salz, Pfeffer
1 TL	**Honig**
2 EL	**Wasser**

1 Bulgur nach Packungsanweisung in Salzwasser garen und abkühlen lassen. Bohnen waschen und ca. 10 Minuten in Salzwasser blanchieren. Thunfisch abtropfen lassen. Bohnen abgießen, abschrecken und mit dem Thunfisch unter den Bulgur rühren.

2 Für das Dressing Limettenschale abreiben und Limette auspressen. Tahin mit Limettenschale, -saft, Honig, Wasser, Salz und Pfeffer verrühren. Dressing über den Bulgursalat träufeln und nach Wunsch mit Petersilie garniert servieren.

 +  +  +  +

Ofenkartoffel mit Krabben

Für 2 Personen   Zubereitungszeit 10 Min.   Garzeit 40 Min.

297 kcal | 1241 kJ

2	**festkochende Kartoffeln (à 200 g)**
1 Stange	**Lauch (klein)**
100 g	**küchenfertige Nordseekrabben**
60 g	**Rucola**
120 g	**Kräuterquark, 10 % Fett i. Tr. (Fertigprodukt)**

Aus dem Vorrat

	Salz, Pfeffer
1 TL	**Rapsöl**
2 EL	**dunkler Balsamicoessig**

1 Kartoffeln waschen und in Salzwasser ca. 20 Minuten garen. Backofen auf 180° C (Gas: Stufe 2, Umluft: 160° C) vorheizen. Kartoffeln auf ein mit Backpapier ausgelegtes Backblech legen und im Backofen auf mittlerer Schiene weitere ca. 20 Minuten garen.

2 Lauch waschen und in feine Ringe schneiden. Krabben abspülen und trocken tupfen. Öl in einer Pfanne auf mittlerer Stufe erhitzen und Lauch darin 3–5 Minuten braten. Krabben dazugeben, ca. 1 Minute mitbraten und mit Salz und Pfeffer würzen.

3 Rucola waschen, trocken schleudern, auf zwei Teller verteilen und mit Essig beträufeln. Kartoffeln einschneiden, mit Kräuterquark, Krabben und Lauch füllen und auf Rucola servieren.

 +  +  +  +

Aus diesen 5 Zutaten wird im Nu eine leckere Pasta. Wie, das zeigen wir dir auf S. 69.

Knackiges mit Veggies

Linsen-Halloumi-Wrap

Für 2 Personen   Zubereitungszeit 10 Min.   Garzeit 10 Min.

383 kcal | 1601 kJ

60 g	**trockene rote Linsen**
1/2	**Salatgurke**
80 g	**Halloumi**
60 g	**Magermilchjoghurt**
2	**kleine Tortillawraps**

Aus dem Vorrat

	Salz, Pfeffer
1/2 TL	**Ras el-Hanout**

1 Linsen nach Packungsanweisung in Salzwasser garen. Gurke waschen und würfeln. Halloumi würfeln. Joghurt mit Salz, Pfeffer und Ras-el Hanout verrühren.

2 Eine Pfanne auf mittlerer bis hoher Stufe erhitzen und Halloumi darin fettfrei ca. 5 Minuten rundherum braten. Wraps erwärmen, mit Joghurt bestreichen und mit Linsen, Gurke und Halloumi belegen. Mit Salz und Pfeffer würzen und Wrap aufrollen. Linsen-Halloumi-Wrap servieren.

 +  +  +  +

Knackiges mit Veggies 67

Cremige Tagliatelle mit Tomaten

Für 2 Personen   Zubereitungszeit 15 Min.   Garzeit 15 Min.

369 kcal | 1545 kJ

120 g	**trockene Tagliatelle**
6	**getrocknete Tomaten ohne Öl**
300 g	**bunte Cocktailtomaten**
40 g	**Crème légère**
30 g	**geriebener Parmesan**

Aus dem Vorrat

	Salz, grober Pfeffer
1 TL	**getrocknete italienische Kräuter**
1 TL	**Olivenöl**

1 Nudeln nach Packungsanweisung in Salzwasser garen und abgießen, dabei ca. 80 ml Nudelwasser auffangen. Getrocknete Tomaten hacken. Cocktailtomaten waschen und halbieren. Für die Sauce Crème légère mit 20 g Parmesan, Nudelwasser und Kräutern verrühren.

2 Öl in einer tiefen Pfanne auf mittlerer Stufe erhitzen und getrocknete Tomaten darin 2–3 Minuten anbraten. Nudeln, Cocktailtomaten und Sauce dazugeben, verrühren, ca. 2 Minuten mitgaren und mit Salz und Pfeffer würzen. Cremige Tagliatelle mit restlichem Parmesan bestreut servieren.

Christians Tipp:
Bevor die Tomaten in die Pfanne kommen, röste ich sie gern mit einer Prise Zucker oder Zuckeralternative im Backofen. Das hebt den Eigengeschmack der Tomate richtig schön hervor.

Frisch getoppt
Das Gericht bekommt einen besonders italienischen Touch, wenn du es am Ende noch mit frischem Oregano bestreust.

 +  +  +  +

Bohnen-Paprika-Chili mit Reis

Für 4 Personen   Zubereitungszeit 20 Min.   Garzeit 35 Min.

403 kcal | 1686 kJ

200 g	trockener Naturreis
je 1	rote, gelbe und grüne Paprika
400 g	stückige Tomaten (Konserve)
2 Dosen	Bohnen-Mix (à 240 g Abtropfgewicht)
4 Stängel	Koriander

Aus dem Vorrat

	Salz, Pfeffer
1 EL	Rapsöl
2 TL	Paprikapulver
1 TL	Chilipulver
1 TL	Kreuzkümmel
100 ml	vegane Gemüsebrühe (1/2 TL Instantpulver)

1 Reis nach Packungsanweisung in Salzwasser garen. Paprika waschen, entkernen und in Streifen schneiden. Öl in einem Topf auf mittlerer Stufe erhitzen und Paprika darin 5–7 Minuten anbraten. Mit Paprikapulver, Chilipulver, Kreuzkümmel, Salz und Pfeffer würzen und ca. 1 Minute mitbraten.

2 Mit Tomaten und Brühe ablöschen und auf niedriger Stufe 10–12 Minuten köcheln lassen. Bohnen abspülen, abtropfen lassen, zum Chili geben und ca. 5 Minuten erwärmen.

3 Koriander waschen, trocken schütteln und Blätter abzupfen. Reis mit Bohnen-Paprika-Chili anrichten und mit Koriander bestreut servieren.

 +  +  +  +

Knackiges mit Veggies 71

Tortellinigratin mit Broccoli und Pilzsauce

Für 4 Personen   Zubereitungszeit 20 Min.   Garzeit 35 Min.

340 kcal | 1422 kJ

Für 4 Personen
1	**Broccoli**
400 g	**Tortellini mit Käsefüllung (Kühltheke)**
400 g	**braune Champignons**
2 Tüten	**WW Sauce Champignons**
60 g	**geriebener Käse, 30 % Fett i. Tr.**

Aus dem Vorrat
	Salz, Pfeffer
1 TL	**Olivenöl**
400 ml	**Wasser**

1 Broccoli waschen und in Röschen teilen. Strunk schälen und würfeln. Broccoli samt Strunk in Salzwasser ca. 5 Minuten garen. Tortellini dazugeben, ca. 2 Minuten mitgaren, abgießen, in eine Auflaufform (ca. 20 x 30 cm) füllen und mit Salz und Pfeffer würzen. Champignons trocken abreiben und vierteln.

2 Backofen auf 200° C (Gas: Stufe 3, Umluft: 180° C) vorheizen. Öl in einer Pfanne auf mittlerer Stufe erhitzen, Champignons darin 8–10 Minuten rundherum braten und mit Salz und Pfeffer würzen.

3 WW Sauce Champignons nach Packungsanweisung mit Wasser anrühren, zu den Champignons geben und aufkochen. Champignonsauce über Broccoli und Tortellini verteilen, mit Käse bestreuen und im Backofen auf mittlerer Schiene ca. 20 Minuten gratinieren. Tortellinigratin servieren.

Schnell und einfach anrühren
Die cremige WW Sauce Champignons passt perfekt zu Gemüsegerichten, Nudeln oder Fleisch und ist ein Must-have für Pilzliebhaber. Erhältlich auf wwshop.de.

 +  +  +  +

Schupfnudel-Spargel-Pfanne mit Ei

Für 2 Personen   Zubereitungszeit 15 Min.   Garzeit 20 Min.

407 kcal | 1703 kJ

400 g	**grüner Spargel**
150 g	**Cocktailtomaten**
1 TL	**Senf**
300 g	**Schupfnudeln (Frischprodukt)**
2	**Eier (Größe M)**

Aus dem Vorrat

150 ml	**Gemüsebrühe (1/2 TL Instantpulver)**
2 EL	**Weißweinessig**
1 TL	**Olivenöl**
1 TL	**getrocknete italienische Kräuter**
	Salz, Pfeffer
1 TL	**zitroniges Allround-Gewürz (Rezept, S. 11)**

1 Spargel waschen, das untere Drittel schälen und Spargel in Stücke schneiden. Tomaten waschen und halbieren. Für die Sauce Brühe mit Senf und 1 EL Essig verrühren. Öl in einer tiefen Pfanne auf mittlerer Stufe erhitzen und Schupfnudeln mit Spargel darin 8–10 Minuten rundherum anbraten.

2 Tomaten zu den Schupfnudeln geben, mit Sauce ablöschen und ca. 3 Minuten köcheln lassen. Mit italienischen Kräutern verfeinern und mit Salz, Pfeffer und Allround-Gewürz abschmecken.

3 1 Liter Wasser mit restlichem Essig in einem Topf zum Sieden bringen. Mit einem Löffel kräftig umrühren, sodass ein Strudel entsteht. Eier jeweils separat in eine Tasse schlagen, langsam nacheinander in den Strudel geben und 2–3 Minuten pochieren. Eier herausnehmen, abtropfen lassen, salzen, auf der Schupfnudel-Spargel-Pfanne anrichten und servieren.

Ei pochieren

Knackiges mit Veggies 75

Tomaten-Linsen-Suppe mit Joghurt

Für 4 Personen **Zubereitungszeit 10 Min.** **Garzeit 35 Min.**

223 kcal | 934 kJ

1	**Gemüsezwiebel**
150 g	**trockene rote Linsen**
800 g	**stückige Tomaten (Konserve)**
1/2 Bund	**Koriander**
150 g	**Magermilchjoghurt**

Aus dem Vorrat

1 TL	**Olivenöl**
500 ml	**Gemüsebrühe (2 TL Instantpulver)**
	Salz, Pfeffer
1 TL	**Kreuzkümmel**

1 Zwiebel schälen und würfeln. Öl in einem Topf auf hoher Stufe erhitzen und Zwiebeln darin ca. 3 Minuten andünsten. Linsen, Tomaten und Brühe dazugeben, aufkochen und mit Salz, Pfeffer und Kreuzkümmel würzen. Suppe auf niedriger Stufe mit Deckel ca. 30 Minuten garen, dabei gelegentlich umrühren.

2 Koriander waschen, trocken schütteln und fein hacken. Suppe mit Koriander verfeinern, mit Salz und Pfeffer abschmecken und auf 4 Schalen verteilen. Tomaten-Linsen-Suppe mit Joghurt beträufelt servieren.

 +  +  +  +

Käsespätzle mit Gurkensalat

Für 2 Personen   Zubereitungszeit 10 Min.   Garzeit 25 Min.

391 kcal | 1635 kJ

1	**Zwiebel**
50 g	**Bergkäse,** 50 % Fett i. Tr.
250 g	**Spätzle** (Frischprodukt)
1	**Salatgurke**
150 g	**Magermilchjoghurt**

Aus dem Vorrat

1 TL	**Rapsöl**
100 ml	**Wasser**
	Pfeffer
2 TL	**würziges Kräutersalz** (Rezept, S. 11)

1 Backofen auf 200° C (Gas: Stufe 3, Umluft: 180° C) vorheizen. Zwiebel schälen und in Streifen schneiden. Käse reiben. Öl in einer Pfanne auf mittlerer Stufe erhitzen und Zwiebeln darin ca. 3 Minuten andünsten. Die Hälfte der Zwiebeln herausnehmen. Spätzle zu den Zwiebeln in die Pfanne geben und ca. 5 Minuten mitbraten.

2 Spätzle mit Wasser ablöschen, aufkochen und mit Pfeffer würzen. 25 g Käse und 1 TL Kräutersalz unterheben, Spätzle in eine Auflaufform (ca. 15 x 20 cm) geben, mit restlichem Käse und restlichen Zwiebeln bestreuen und im Backofen auf mittlerer Schiene 15–18 Minuten backen.

3 Gurke waschen und in dünne Scheiben hobeln. Joghurt mit Gurken und restlichem Kräutersalz vermischen. Käsespätzle mit Gurkensalat servieren.

Christians Tipp:

Käsespätzle schmecken der ganzen Familie. Einfach die Portion verdoppeln, dann werden auch 4 Personen satt.

 +  +  +  +

Caprese-Kartoffel-Rösti

Für 2 Personen   Zubereitungszeit 15 Min.   Garzeit 15 Min.

269 kcal | 1125 kJ

300 g	**festkochende Kartoffeln**
200 g	**Zucchini**
100 g	**Tomaten**
80 g	**fettreduzierter Mozzarella**
4 Stängel	**Basilikum**

Aus dem Vorrat

	Salz, grober Pfeffer
1 EL	**italienische Kräuter (TK)**
3 TL	**Rapsöl**
1 TL	**dunkler Balsamicoessig**

1 Kartoffeln schälen, Zucchini waschen, beide raspeln, in ein Küchentuch geben und überschüssige Flüssigkeit ausdrücken. Raspel mit Salz, Pfeffer und Kräutern verrühren. Tomaten waschen und in Scheiben schneiden. Mozzarella trocken tupfen und in Scheiben schneiden. Basilikum waschen, trocken schütteln und Blätter abzupfen.

2 2 TL Öl in einer großen Pfanne auf mittlerer bis hoher Stufe erhitzen. Aus der Kartoffel-Zucchini-Masse 4 Kleckse in die Pfanne geben, etwas flach drücken und 4–5 Minuten braten. Rösti wenden, restliches Öl in die Pfanne geben, Tomaten und Mozzarella auf die Rösti legen und weitere ca. 3 Minuten braten. Caprese-Kartoffel-Rösti mit Pfeffer würzen, mit Basilikum bestreuen, mit Essig beträufeln und sofort servieren.

 +  +  +  +

Wokgemüse mit gerösteten Cashewnüssen

Für 4 Personen   Zubereitungszeit 15 Min.   Garzeit 20 Min.

367 kcal | 1537 kJ

200 g	**trockene Reisnudeln**
500 g	**Champignons**
60 g	**Cashewnüsse**
320 g	**Asia-Gemüse-mischung (TK)**
4 EL	**schwarze Bohnen-Sauce**

Aus dem Vorrat

	Salz
1 TL	**Rapsöl**
1 TL	**Chiliflocken**

1 Reisnudeln nach Packungsanweisung in Salzwasser garen. Champignons trocken abreiben und in dicke Scheiben schneiden. Cashewnüsse fettfrei in einer Pfanne auf mittlerer Stufe 2–3 Minuten rösten und grob hacken.

2 Öl in einem Wok auf hoher Stufe erhitzen und Champignons mit Chiliflocken darin ca. 5 Minuten anbraten. Asia-Gemüse dazugeben und ca. 10 Minuten mitdünsten.

3 Nudeln abgießen, mit Cashewnüssen und Bohnen-Sauce unter das Gemüse rühren und 1–2 Minuten weiterdünsten. Wokgemüse nach Wunsch mit Koriander bestreut servieren.

Schon gewusst?

Schwarze Bohnen-Sauce ist ein asiatisches Würzmittel, das pikant-süßlich schmeckt. Du bekommst es im Asia-Laden.

Knackiges mit Veggies 83

Scharfe Tomaten-Auberginen-Focaccia

Für 8 Stücke   Zubereitungszeit 10 Min.   Garzeit 20 Min.

160 kcal | 670 kJ

1	kleine Aubergine
2	Tomaten
1	rote Chilischote
200 g	stückige Tomaten (Konserve)
1 Packung	Pizzateig (Frischprodukt, 400 g)

Aus dem Vorrat

	Salz, Pfeffer
1 1/2 EL	italienische Kräuter (TK)
1 EL	Olivenöl

1 Backofen auf 200° C (Gas: Stufe 3, Umluft: 180° C) vorheizen. Aubergine in dünne Scheiben schneiden, salzen, ca. 5 Minuten ziehen lassen und trocken tupfen. Tomaten waschen und in Scheiben schneiden. Chilischote waschen und in Ringe schneiden. Für die Sauce stückige Tomaten mit Salz, Pfeffer und 1 EL Kräutern verrühren.

2 Pizzateig entrollen, auf einem mit Backpapier ausgelegten Backblech verteilen und mit Tomatensauce bestreichen. Auberginen und Tomaten darauf verteilen, mit Chili bestreuen und im Backofen auf mittlerer Schiene 20–22 Minuten backen. Tomaten-Auberginen-Focaccia mit restlichen Kräutern bestreuen, mit Öl beträufeln, in Stücke schneiden und servieren.

Christians Tipp:

Die Focaccia lässt sich super vorbereiten und eignet sich ideal als Beilage zum Grillen. Man kann sie kalt essen oder nochmal kurz auf dem Rost erwärmen.

Griechische Pitataschen mit Rührei

Für 2 Personen   **Zubereitungszeit 10 Min.**   **Garzeit 5 Min.**

393 kcal | 1642 kJ

50 g	**Baby-Blattspinat**
1	**rote Paprika**
3	**Eier (Größe M)**
2	**Pitabrote**
50 g	**Schafskäse, 25 % Fett i. Tr.**

Aus dem Vorrat

	Salz, grober Pfeffer
1/2 TL	**getrockneter Oregano**
1 TL	**Olivenöl**

1 Spinat waschen und trocken schleudern. Paprika waschen, entkernen und würfeln. Eier mit Salz und Oregano verquirlen.

2 Öl in einer Pfanne auf mittlerer Stufe erhitzen und Paprika darin ca. 2 Minuten andünsten. Spinat dazugeben und ca. 2 Minuten mitdünsten. Eier dazugeben, unter Rühren 1–2 Minuten mitbraten und mit Salz und Pfeffer würzen. Pitabrote erwärmen, aufschneiden, mit Rührei füllen und Schafskäse darüberbröseln. Griechische Pitataschen servieren.

 +  +  +  +

Das Rezept für die leckeren Himbeer-Schoko-Oats bekommst du auf S. 97.

Süßes zum Naschen

Kirschquark mit weißer Schokolade

Für 4 Personen   **Zubereitungszeit 10 Min.**   **Garzeit 5 Min.**

162 kcal | 677 kJ

500 g	**Magerquark**
1 EL	**Vanillepaste**
370 g	**Sauerkirschen (Konserve ohne Zucker)**
4 TL	**weiße Raspelschokolade**
2 TL	**Kokosraspel**

Aus dem Vorrat

3 EL	**Mineralwasser**

1 Quark mit Vanillepaste und Mineralwasser cremig rühren. Kirschen abtropfen lassen. Quark und Kirschen abwechselnd in 4 Gläser (Inhalt ca. 250 ml) schichten und mit Raspelschokolade bestreuen.

2 Kokosraspel fettfrei in einer Pfanne auf mittlerer Stufe 2–3 Minuten rösten. Kirschquark mit Kokosraspeln bestreuen und servieren.

 +  +  +  +

Schoko-Skyr-Bowl mit gepufftem Dinkel

Für 2 Personen   **Zubereitungszeit 5 Min.**   **Garzeit 5 Min.**   **Kühlzeit 5 Min.**

257 kcal | 1074 kJ

1/2 Päckchen	**Schokoladenpudding-pulver**
240 ml	**entrahmte Milch**
20 g	**Zartbitter-schokolade**
250 g	**Skyr, Natur**
20 g	**gepuffter Dinkel**

Aus dem Vorrat

1 TL	**Zucker**

1 Puddingpulver mit 3 EL Milch anrühren. Restliche Milch mit Zucker aufkochen, Pudding einrühren und unter Rühren ca. 1 Minute köcheln lassen. Pudding ca. 5 Minuten abkühlen lassen.

2 Schokolade in einem warmen Wasserbad schmelzen. Skyr und Pudding nebeneinander in einer Schale anrichten, Dinkel darüberstreuen und mit Schokolade beträufeln. Schoko-Skyr-Bowl servieren.

 +  +  +  +

Süße Pflaumen-Blitzpizza

Für 1 Person   Zubereitungszeit 5 Min.   Garzeit 10 Min.

268 kcal | 1122 kJ

1	**Pflaume**
1 EL	**Pistazien**
1	**WW Apple Cinnamon Wrap**
30 g	**Ricotta**
1 TL	**Karamellsauce**

Aus dem Vorrat

1 Msp.	**Zimt**

1 Backofen auf 180° C (Gas: Stufe 2, Umluft: 160° C) vorheizen. Pflaume waschen, halbieren, Stein entfernen und Pflaume in dünne Spalten schneiden. Pistazien hacken. Wrap mit Ricotta bestreichen, mit Pflaumen belegen und mit Pistazien bestreuen.

2 Wrap auf ein mit Backpapier ausgelegtes Backblech legen und im Backofen auf mittlerer Schiene 8–10 Minuten backen. Pflaumen-Blitzpizza mit Zimt bestäuben und mit Karamellsauce beträufelt servieren.

Christians Tipp:
Wenn Pflaumen keine Saison haben, kannst du die Blitzpizza auch mit Apfelspalten zubereiten.

Süße Abwechslung
Mit den WW Apple & Cinnamon Wraps mit getrockneten Apfelstückchen und Zimt kannst du vielseitige Frühstücksideen oder leckere Snacks zubereiten. Erhältlich auf wwshop.de.

 +  +  +  +

Himbeer-Schoko-Oats

Für 1 Person   **Zubereitungszeit 10 Min.**

276 kcal | 1155 kJ

125 g	**Himbeeren**
150 g	**Magermilchjoghurt**
2 EL	**zarte Haferflocken**
1 TL	**Zartbitter-Raspel-schokolade**
1	**WW Protein Riegel Himbeere**

1 Himbeeren waschen, trocken tupfen und 100 g pürieren. Joghurt mit Haferflocken und Raspelschokolade verrühren, in ein Glas (Inhalt ca. 400 ml) geben und mit Himbeerpüree marmorieren.

2 WW Protein Riegel Himbeere in Stücke schneiden und mit Himbeeren auf den Oats verteilen. Himbeer-Schoko-Oats servieren.

Schokoladig fruchtig

Der zartschmelzende Raspberry Crunch Proteinriegel mit fruchtigen Himbeeren hat nur 2 SmartPoints. Er eignet sich ideal als Snack für zwischendurch oder als Topping auf leckeren Desserts. Erhältlich auf wwshop.de.

 +  +  +  +

Vegane Apfelplätzchen

Für 10 Stück   Zubereitungszeit 15 Min.   Garzeit 30 Min.

123 kcal | 514 kJ

2 EL	**Kürbiskerne**
2	**süßliche Äpfel** (z. B. Gala Royal)
50 g	**vegane Halbfettmargarine**
100 ml	**ungesüßter Haferdrink**
2 EL	**kalorienreduzierte Erdbeerkonfitüre**

Aus dem Vorrat

190 g	**Mehl**
1 TL	**Backpulver**

1 Backofen auf 180° C (Gas: Stufe 2, Umluft: 160° C) vorheizen. Kürbiskerne hacken. Äpfel waschen, vierteln, entkernen und raspeln. Mehl, Backpulver, Margarine, Haferdrink und Apfelraspel verrühren und Kürbiskerne unterheben.

2 Aus dem Teig mit Hilfe eines Esslöffels 10 Kleckse auf ein mit Backpapier ausgelegtes Backblech geben. Apfelplätzchen im Backofen auf mittlerer Schiene 25–30 Minuten backen und mit Erdbeerkonfitüre servieren.

 +  +  +  +

Süßes zum Naschen 99

Mandelgrießbrei mit Mangokompott

Für 4 Personen Zubereitungszeit 10 Min. Garzeit 15 Min.

214 kcal | 896 kJ

750 ml	**ungesüßter Mandeldrink**
80 g	**Weichweizengrieß**
2 Päckchen	**Vanillezucker**
350 g	**Mango (TK)**
15 g	**Mandeln**

Aus dem Vorrat

1 EL	**Speisestärke**
2 EL	**Wasser**

1 Mandeldrink in einem Topf auf mittlerer Stufe erhitzen, Weichweizengrieß und 1 Päckchen Vanillezucker einrühren und unter gelegentlichem Rühren ca. 10 Minuten köcheln lassen.

2 Mango mit restlichem Vanillezucker in einem weiteren Topf auf mittlerer bis hoher Stufe unter gelegentlichem Rühren ca. 10 Minuten erwärmen. Stärke mit Wasser anrühren, zur Mango geben, aufkochen und ca. 1 Minute köcheln lassen.

3 Mandeln hacken und fettfrei in einer Pfanne auf mittlerer Stufe 2–3 Minuten rösten. Grießbrei auf 4 Schalen verteilen, Mangokompott daraufgeben und mit Mandeln bestreut servieren.

Frisch oder TK

Statt tiefgekühlter Mango kannst du natürlich auch frische verwenden. Gib dann etwas Wasser zur Mango, wenn du sie einkochst.

Mango richtig schneiden

Haselnuss-Vanille-Küchlein

Für 1 Person   **Zubereitungszeit 5 Min.**   **Garzeit 5 Min.**

368 kcal | 1538 kJ

1	**reife Banane**
1	**Ei (Größe M)**
2 EL	**gemahlene Haselnüsse**
2 TL	**Vanillepuddingpulver**
1 EL	**Vanillesauce (Fertigprodukt)**

Aus dem Vorrat

1 Msp.	**Backpulver**

1 Banane schälen, mit einer Gabel zerdrücken und mit Ei verrühren. Haselnüsse, Puddingpulver und Backpulver unterrühren, Masse in eine Tasse füllen und in der Mikrowelle bei 700 Watt ca. 4 Minuten garen. Haselnuss-Vanille-Küchlein mit Vanillesauce servieren.

Christians Tipp:

Für eine Extraportion Obst serviere das Küchlein mit einer Handvoll frischer Beeren oder mit dem Mangokompott von S. 101. Lecker!

Kaffee-Pfannkuchen mit Eis und Beeren

Für 2 Personen   Zubereitungszeit 15 Min.   Garzeit 15 Min.

298 kcal | 1248 kJ

1	**Ei (Größe M)**
100 ml	**entrahmte Milch**
1 EL	**Instant-Kaffeepulver**
150 g	**gemischte Beeren**
2 Kugeln	**Cappuccino-Eis (à 30 g)**

Aus dem Vorrat

2 TL	**Zucker**
65 g	**Mehl**
1 TL	**Backpulver**

1 Ei trennen und Eiklar mit Zucker steif schlagen. Eigelb mit Milch verquirlen, mit Mehl, Kaffeepulver und Backpulver verrühren und Eischnee unterheben. Beeren waschen, trocken tupfen und gegebenenfalls in Stücke schneiden.

2 Eine Pfanne auf mittlerer Stufe erhitzen und aus dem Teig darin fettfrei nacheinander 4 Pfannkuchen backen, dabei ca. 2 Minuten von jeder Seite braten. Kaffee-Pfannkuchen mit Beeren garnieren und mit Cappuccino-Eis servieren.

*Das Mitglied hat mit dem Vorgängerprogramm abgenommen und hält ihr Gewicht mit *meinWW+*.

„Mein täglicher Reminder, auf mich selbst zu achten!"

Tina, -29 kg*
@tinacarrot

Mehr als Abnehmen!

Lass dich mit *meinWW+* und der WW App ganzheitlich in den Bereichen Ernährung, Bewegung, Mindset und Schlaf dabei unterstützen, noch erfolgreicher abzunehmen.

Melde dich gleich auf **WW.com** an und erhalte noch heute einen Plan, der auf dich und deine Bedürfnisse zugeschnitten ist.

WW Logo und *meinWW+* sind Marken von WW International, Inc. © 2021 WW International, Inc. Alle Rechte vorbehalten.

Register nach Plan

	🟢	🟣	🟪	Seite
Allround-Gewürz, zitroniges	0	0	0	11
Apfelplätzchen, vegane	3	3	3	98
BBQ-Rub, rauchiger	0	0	0	10
BBQ-Schweinefilet auf Gemüse, gefülltes	6	6	6	29
Bohnen-Paprika-Chili mit Reis	9	6	1	70
Bratkartoffeln mit Tomaten und Ei	9	6	2	45
Bulgursalat mit Thunfisch und grünen Bohnen	6	6	6	60
Caesar-Pasta-Salat	8	7	2	18
Caprese-Kartoffel-Rösti	7	7	4	81
Carbonara, einfache	11	9	9	26
Chili-Rub, feuriger	0	0	0	10
Currywurst auf Kartoffelstampf	9	9	5	33
Dönerteller, schneller	9	9	5	17
Erdnuss-Hähnchen mit Reis, cremiges	9	8	8	21
Garnelentacos mit Gurkensalsa	5	4	4	51
Grilled Cheese Deluxe mit Thunfisch	8	7	7	56
Gulasch-Bohnen-Eintopf, scharfer	7	4	4	22
Hähnchen-Spinat-Pfanne mit Reis	9	8	3	34
Haselnuss-Vanille-Küchlein	9	6	6	102
Himbeer-Schoko-Oats	7	5	3	97
Käsespätzle mit Gurkensalat	11	10	10	78
Kaffee-Pfannkuchen mit Eis und Beeren	10	8	8	105
Kirschquark mit weißer Schokolade	4	2	2	90
Kräuterlachs auf Zucchinipasta	13	7	7	48
Kräutersalz, würziges	0	0	0	11
Linsen-Halloumi-Wrap	12	9	9	66

	🟢	🟣	🟪	Seite
Mandelgrießbrei mit Mangokompott	5	5	5	101
Matjes und Rote Bete auf Brot	7	4	4	59
Naan-Pizza mit Curryhähnchen	9	7	7	41
Ofenkartoffel mit Krabben	7	6	2	63
Parmesan-Schnitzel-Burger mit Grillzucchini	10	10	10	14
Pflaumen-Blitzpizza, süße	8	8	8	94
Piri-Piri-Kabeljau, gebackener	8	7	2	52
Pitataschen mit Rührei, griechische	10	6	6	86
Ramen mit Schweinefilet, schnelle	8	8	8	42
Rote-Bete-Quiche mit Steak	5	4	4	38
Saibling auf Selleriepüree, gebratener	7	5	3	55
Schoko-Skyr-Bowl mit gepufftem Dinkel	9	7	7	93
Schupfnudel-Spargel-Pfanne mit Ei	10	7	7	74
Steak-Kartoffel-Salat mit Honig-Senf-Dressing	6	6	4	30
Tagliatelle mit Tomaten, cremige	10	10	10	69
Tatar-Kokos-Suppe mit Sobanudeln	8	8	5	37
Tomaten-Auberginen-Focaccia, scharfe	4	4	4	85
Tomaten-Linsen-Suppe mit Joghurt	4	0	0	77
Tortellinigratin mit Broccoli und Pilzsauce	9	9	9	73
Wokgemüse mit gerösteten Cashewnüssen	9	9	9	82
Zitronen-Putensteaks mit Kartoffelstampf, panierte	7	5	2	25

Register nach Plan

Register nach Zutaten und Stichworten

Eier
Bratkartoffeln mit Tomaten und Ei	45
Carbonara, einfache	26
Pitataschen mit Rührei, griechische	86
Rote-Bete-Quiche mit Steak	38
Schupfnudel-Spargel-Pfanne mit Ei	74

Geflügel
Caesar-Pasta-Salat	18
Erdnuss-Hähnchen mit Reis, cremiges	21
Hähnchen-Spinat-Pfanne mit Reis	34
Naan-Pizza mit Curryhähnchen	41
Zitronen-Putensteaks mit Kartoffelstampf, panierte	25

Hülsenfrüchte
Bohnen-Paprika-Chili mit Reis	70
Gulasch-Bohnen-Eintopf, scharfer	22
Linsen-Halloumi-Wrap	66
Tomaten-Linsen-Suppe mit Joghurt	77

Käse
BBQ-Schweinefilet auf Gemüse, gefülltes	29
Carbonara, einfache	26
Grilled Cheese Deluxe mit Thunfisch	56
Käsespätzle mit Gurkensalat	78
Linsen-Halloumi-Wrap	66
Parmesan-Schnitzel-Burger mit Grillzucchini	14
Pitataschen mit Rührei, griechische	86
Rote-Bete-Quiche mit Steak	38
Tagliatelle mit Tomaten, cremige	69
Tortellinigratin mit Broccoli und Pilzsauce	73

Kartoffeln & Süßkartoffeln
Bratkartoffeln mit Tomaten und Ei	45
Caprese-Kartoffel-Rösti	81
Currywurst auf Kartoffelstampf	33
Ofenkartoffel mit Krabben	63
Piri-Piri-Kabeljau, gebackener	52
Saibling auf Selleriepüree, gebratener	55
Schupfnudel-Spargel-Pfanne mit Ei	74
Steak-Kartoffel-Salat mit Honig-Senf-Dressing	30
Zitronen-Putensteaks mit Kartoffelstampf, panierte	25

Nudeln
Caesar-Pasta-Salat	18
Carbonara, einfache	26
Käsespätzle mit Gurkensalat	78
Kräuterlachs auf Zucchinipasta	48
Ramen mit Schweinefilet, schnelle	42
Tagliatelle mit Tomaten, cremige	69
Tatar-Kokos-Suppe mit Sobanudeln	37
Tortellinigratin mit Broccoli und Pilzsauce	73
Wokgemüse mit gerösteten Cashewnüssen	82

Obst
Apfelplätzchen, vegane	98
Haselnuss-Vanille-Küchlein	102
Himbeer-Schoko-Oats	97
Kaffee-Pfannkuchen mit Eis und Beeren	105
Kirschquark mit weißer Schokolade	90
Mandelgrießbrei mit Mangokompott	101
Pflaumen-Blitzpizza, süße	94